J. Breuning

Obstbaumzucht

J. Breuning

Obstbaumzucht

ISBN/EAN: 9783743301627

Hergestellt in Europa, USA, Kanada, Australien, Japan

Cover: Foto ©Lupo / pixelio.de

Manufactured and distributed by brebook publishing software (www.brebook.com)

J. Breuning

Obstbaumzucht

Mainbernheim 1861.
Im Selbstverlage des Verfassers.

Vorwort zur zweiten Auflage.

Aufgemuntert durch die freundliche Aufnahme und günstige Beurtheilung der 1. Auflage dieses Schriftchens — und nachdem solches durch das k. bayer. Staatsministerium zur Anschaffung in den Schulen unseres Königreichs gnädigst empfohlen wurde, habe ich mich entschlossen, solches in 2. Auflage, vielfach verbessert und durch wünschenswerthe Zugaben erweitert, erscheinen zu lassen.

Den hochgeehrten Herren Vorständen der landwirthschaftlichen Bezirksvereine, die bisher zur Verbreitung des Schriftchens so bereitwillig miwirkten, sowie meinen Freunden und Gönnern, die mich bei Bearbeitung der zweiten Auflage durch freundliche Winke und Rathschläge unterstützten, spreche ich bei dieser Gelegenheit den lebhaftesten, innigsten Dank aus.

Sollte es den vorliegenden Blättern gelingen, Einiges zur Erreichung des vorgesetzten Zweckes beizutragen, so findet sich dadurch hinreichend belohnt

Mainbernheim, im November 1861.

Der Verfasser.

Einleitung.

Zieht man die großen und mannigfaltigen Vortheile in Betracht, die ein vernünftiger Betrieb der Obstbaumzucht sowohl Einzelnen, als auch ganzen Gemeinden, die sich damit beschäftigen, gewährt, so ist es kaum erklärlich, warum noch immer der bei weitem größte Theil unserer Landwirthe diesem hochwichtigen und reichlichst lohnenden Zweige der Landwirthschaft so wenig Aufmerksamkeit zuwendet, — ja nicht selten die größte Geringschätzung in dieser Hinsicht durch Wort und That zu erkennen gibt. Die gewöhnlichsten ererbten Vorurtheile, sowie irrige Ansichten und Ausflüchte in fraglicher Beziehung sollen hier zur Beleuchtung und Widerlegung eine Stelle finden:

1) **Man sagt, daß zuweilen Boden, Klima und Lage zum Obstbau nicht geeignet seien.** Sind die in einzelnen Lagen und Gegenden gemachten Versuche in fraglicher Beziehung wirklich gescheitert, so ist der Grund davon in der Regel anderswo zu suchen. Waren die Bäume auch aus einer zuverlässigen Baumschule? Waren sie nicht vielleicht aus fremdem Boden und Klima? Wurden sie nicht von Händlern gekauft, die sie wochenlang herum schleppten und austrocknen ließen? Und wie viele Fehler werden nicht beim Setzen der Bäume gemacht! Wie häufig muß man namentlich bemerken, daß Bäume zu tief gesetzt, — daß weder Wurzel noch Aeste gehörig zugeschnitten, — und daß ungeeignete Bodengattungen für die verschiedenen Obstsorten gewählt werden! Wie oft werden auch die Bäume nach dem Aussetzen ihrem Schicksale überlassen! Weder Pfähle noch Verband schützen sie vor heftigen Winden und dem hungrigen Wilde bei tiefem Schnee; eingenistete schädliche Insekten werden nicht vertilgt; die mit Moos und Flechten überwachsene Rinde wird nicht gereinigt; der Boden rings um den Baum wird nicht regelmäßig aufgelockert; der dem Baume die Säfte entziehende Geiz wird nicht unverzüglich beseitigt; Krankheiten der Bäume werden weder beachtet, noch zu heilen gesucht!

Unter solchen Umständen können freilich Bäume nicht gedeihen. Man schiebe aber dann nicht die Schuld auf Boden, Lage und Klima!

2) Sehr oft vernimmt man auch die Behauptung, daß Obstbäume auf Grundstücken mehr schaden, als nützen. Wahr ist es allerdings, daß man auf vielen Aeckern Bäume trifft, die mehr schaden als nützen. Dieselben sind entweder so schlecht gezogen, daß sie in ganz schräger Richtung eine ungewöhnlich große Bodenfläche einnehmen, oft mit ihren Aesten fast den Boden berühren, — oder sie sind so enge gesetzt, daß weder auf dem Grundstücke irgend eine Frucht gedeihen kann, noch auf viel und schmackhaftes Obst an den Bäumen zu rechnen ist. Werden Bäume dagegen in gehöriger Entfernung von einander gesetzt und die Kronen derselben in entsprechender Höhe gebildet uud regelmäßig gezogen, so kann dann Sonne und Luft auf Baum und Erdreich zugleich einwirken, und Letzteres wird neben einem reichen Ertrage an Obst auch noch einen zufrieden stellenden Ertrag an Bodenfrüchten gewähren. Fällt aber der Ertrag der unter den Bäumen wachsenden Feldfrüchte dessen ungeachtet etwas geringer aus, so wird der etwaige Ausfall durch den Ertrag der Obstbäume auf das Reichlichste ersetzt. Oder sollte das nicht ein wirklich reicher Ersatz sein, wenn aus dem Verkaufe des Obstes ein schöner Erlös erzielt wird, — wenn sich die Räume des Hauses mit frischem und gedörrtem Obste füllen, — wenn daraus Most, Branntwein, Essig und Obstmus für die Haushaltung und zum Verkaufe bereitet wird, — wenn das Holz von abgängigen Aesten und Bäumen einen willkommenen Brennstoff und ein brauchbares Material zu verschiedenen Gegenständen abgibt! Und ist nicht auch der herrliche Anblick schön geordneter und regelmäßig gezogener Baumpflanzungen, die unsere Fluren in Paradiese verwandeln, hoch anzuschlagen!

3) Nicht selten hört man auch die Aeußerung, **daß es eben gar zu lange dauere, bis ein Baum Früchte trage.** Freilich vergeht immer eine gewisse Anzahl Jahre, — besonders ist solches bei Aepfel= und Birnbäumen der Fall, bis eine Baumpflanzung uns mit reichen Früchten segnet und erfreut. Allein Viele, die man oft so sprechen hört, könnten von Bäumen noch reiche Früchte ernten, wenn sie ungesäumt Hand an's Werk legten. Ueberhaupt ist eine solche Sprache eine höchst unwürdige und unvernünftige. Wenn unsere Voreltern auch so gedacht hätten, — wie viel trauriger noch, als es jetzt steht, stände es erst

dann mit unsern Obsternten! Höchstens Holzäpfel und Holz=
birnen würden wir haben. Also frisch an's Werk, — hoffend,
daß wir selbst noch die Früchte unserer Bemühungen ernten, —
wenigstens aber in der Freude und Dankbarkeit unserer Nachkom=
men eine Belohnung finden.

4) Manche Leute machen auch den Einwand, daß das
Obst nicht jedes Jahr gerathe, und gebe es dann ein=
mal eine reiche Obsternte, so könne bei dem vorhan=
denen Ueberflusse doch nicht viel daraus gelöst wer=
den.

Wahr ist es, daß auch beim Obstbaue Mißernten vorkom=
men; das ist aber auch bei andern Früchten der Fall, und doch
unterläßt deshalb Niemand den Anbau derselben. Gerade der
Umstand, daß nicht jede Frucht jedes Jahr gedeiht, sollte zu
Baumpflanzungen Veranlassung geben, damit vorkommenden Falls
der Ausfall an Bodenfrüchten durch Obst ersetzt werden könnte.
Wer übrigens größere Obstbaum=Anlagen besitzt und sie mit Auf=
merksamkeit und Sorgfalt behandelt, wird selten in einem Jahre
ganz leer ausgehen; auch steht das Obst in solchem Falle in
doppelt hohem Werthe. Gibt es aber reiche Obsternten, — um
so besser! Nicht nur, daß wir uns dann mit reichen Vorräthen
gedörrten Obstes für weniger gute Obstjahre versehen können, —
es fehlt auch bei reichen Obsternten durchaus nicht an Gelegen=
heit zum Verkaufe. Durch die Eisenbahnen ist gegenwärtig Ge=
legenheit zur weitesten Versendung geboten.

5) Ein weiterer, leider oft begründeter Einwurf, ist der, daß
man bei den noch häufig vorkommenden Obstdiebstäh=
len und Baumfreveln alle Lust zum Obstbaue verliere.
Obstdiebstähle kommen, wie die Erfahrung lehrt, namentlich an
solchen Orten häufig vor, wo nur wenig Obst gebaut wird, —
dagegen vernimmt man derartige Klagen fast gar nicht da, wo
der Obstbau allgemein geworden ist. Findet der Obstbau endlich,
wie zu hoffen, in allen Gemeinden die gebührende Aufnahme, so
werden auch die Klagen über Obstdiebstahl immer mehr verstum=
men. Sehr entmuthigend wirkt es allerdings, wenn Bäume nicht
nur ihrer Früchte beraubt, sondern nebenbei auch noch der Art
verdorben werden, daß sie sich erst nach Jahren wieder zu erho=
len im Stande sind. Einem solchen, in vielen Gemeinden noch
herrschenden Unfuge muß mit unnachsichtlicher Strenge begegnet,
— Schulkinder müssen durch ihre Lehrer, und Erwachsene durch
die Polizeibehörden ernstlich davor gewarnt und in vorkommenden

Fällen unnachsichtlich und empfindlich gestraft
setzlichen Vorschriften in dieser Hinsicht sind gu
wünschen, daß sie auch immer gehörig vollzogen

Auch Baumfrevel kommen nicht selten vor
weder aus Leichtsinn und Muthwillen verübt,
der niederträchtigen Absicht, an irgend Jemand
men. Wer Bäume aus Muthwillen und Leich
sicherlich kein Freund der Obstbaumzucht; ein so
Bäume, sondern pflegt und schützt sie bei dros
selbst in dem Falle, wenn sie das Eigenthum ei
Wird also die Jugend durch entsprechen
in den Schulen für die Sache gewonnen, so
wißheit darauf zu rechnen sein, daß Erwachsene
Muthwillen nie Bäume verderben. Um aber
beugen, daß Baumfrevel aus Rachsucht verübt
jede Gemeinde in ihrer Feldpolizeiordnung fest,
zugefügte Schaden an Obstbäumen, wenn der
deckt wird, aus der Gemeindekasse zu vergüten i
mung wird gewiß den besten Erfolg sichern:
Art nicht mehr Rache geübt werden, weil der
wieder ersetzt, mithin ein eigentlicher Schade
wird; auch werden dergleichen Frevel eher zur
werden, da am Gemeindesäckel jeder Ortsangehö
— wogegen außerdem Mancher, der Auskun
denkt: Was mich nicht brennt, brauche ich nicht

Die vorstehenden und etwaige andere Grü
gen die Obstbaumzucht geltend macht, sind mith
Natur und als eitle Vorwände und leere Re
trachten. Der eigentliche und wahre Grund li
strittenen und traurigen Umstande, daß der b
Theil unserer ländlichen Bevölkerung niemals e
der Behandlung der Obstbäume erhalten hat un
im Stande ist, einen Baum zu veredeln, oder üb
nünftigen Regeln zu behandeln. Gegen Alle
nicht kennt und nicht versteht, verhält man sich
es entweder gar nicht, oder mit Unlust und oh
gehenden besonderen Nutzen. Ohne gründli
gemeineres Wissen wird dahier auf dies
etwas Tüchtiges erzielt werden. Ein so
und soll aber ein entsprechender Unterricht in
führen. So lange hier in der Sache nichts

auch dickleibige Bücher über Obstbaumzucht, sowie Zeitschriften und Reden bei landwirthschaftlichen Versammlungen ihren Zweck verfehlen.

I. Abschnitt.

Die Baumschule.

Die Baumschule ist der Ort, an welchem die Obstbaumzucht begonnen und der junge Baum so vorbereitet wird, daß er in eine Pflanzung, um Früchte zu tragen, versetzt werden kann. Bei der Anlage einer Obstbaumschule beachte man:

1) Die Lage der Baumschule sei frei und sonnig; nicht eingeengt und schattig.

2) Der Boden sei weder zu fett, noch zu mager, mehr trocken als naß und habe einen gleichartigen Grund von beiläufig 2—3 Fuß Tiefe. Zäher Boden wird durch Vermischung mit Sand und leichter Erde, magerer Boden durch Beimischung einer schweren Erde verbessert. Frischer Dünger darf in einer Baumschule nicht verwendet werden. Sind später einzelne Beeten von Bäumen geleert, so werden sie nicht sogleich wieder mit solchen bepflanzt; man düngt vielmehr den Boden erst reichlichst und baut darauf einige Jahre andere Pflanzen.

3) Die Herrichtung des Bodens geschieht dadurch, daß derselbe im Herbste vorher ungefähr 2—3 Fuß tief umgegraben und von Steinen gereiniget wird. Dabei ist zu berücksichtigen, daß der bessere Theil der Erde immer in die Lage gebracht wird, auf der die Wurzeln der zu pflanzenden Bäumchen zu stehen kommen. Soll Grasland zu einer Baumschule benützt werden, so schäle man vor Eintritt des Winters den Rasen ab und setze ihn, mit Kalk vermischt, auf Haufen.

4) Ein entsprechender Theil der Baumschule wird zur Kernsaat, der übrig bleibende zur Aufnahme von Kernwildlingen und zur Edelschule benützt.

5) Die Umzäunung der Baumschule geschieht am zweckmäßigsten durch Latten oder Staketen; sogenannte lebendige Umzäumungen schützen nicht wohl gegen Hasenfraß.

II. Abschnitt.

Die Kernsaat.

Das sicherste und wohlfeilste Mittel, gute Obstbäume zu erhalten, ist, daß man dieselben aus Samen zu erziehen sucht. Dabei ist zu bemerken:

1) Man verschaffe sich Kerne vom besten Obste, das auf kräftigen, gesunden Bäumen gewachsen ist. Kerne von Holzäpfeln und Holzbirnen haben den Vorzug, daß sie gesunde, langausdauernde Stämme liefern.

2) Um Kerne bis zur Aussaat gut aufzubewahren, vermischt man sie mit Sand oder leichter Erde, thut sie in Töpfe und hebt sie an einem kühlen, aber nicht dumpfen Orte auf, — am besten 1' tief in die Erde gegraben. Welsche Nüsse müssen entweder sogleich gesäet oder zum Vorkeimen in Sand gelegt werden.

3) Die Saat wird gewöhnlich vor Eintritt des Winters vorgenommen. Vorher grabe man den dazu bestimmten Platz beiläufig 1' tief um, zerschlage die groben Erdschollen und entferne dabei alle fremdartigen Dinge, als Steine, Wurzeln und Unkraut.

4) Die Beete werden von einer Breite gemacht, daß man auf beiden Seiten in die Mitte derselben langen kann, ohne hinein zu treten.

5) In einer Entfernung von $3/4$ Fuß breit zieht man mit der Gartenschnur Linien und bildet 2 Zoll tiefe Furchen. In diese werden die Kerne nur ganz dünn hinein gelegt und mittelst eines hölzernen Rechens mit Erde bedeckt. — Pflaumen- und Zwetschgenkerne streut man im Herbste auf das Samenbeet, tritt sie fest ein und bedeckt sie mit alten Brettern; im Frühjahre bedeckt man sie $1/2$ Zoll hoch mit guter Erde. Uebrigens kann man Kerne von Steinobst auch sogleich in 2'' tief gezogene Furchen legen und mit Erde bedecken.

6) Um die Kerne vor Mäusefraß während des Winters vollkommen sicher zu stellen, vermischt man sie, wie oben bemerkt, mit Sand oder Erde, thut sie in Töpfe und bringt diese, mit Ziegelsteinen bedeckt, 1' tief unter die Erde. Im Frühjahre, sobald geeignete Witterung eintritt, nimmt man die Töpfe aus der Erde und säet die Kerne nach oben gegebener Anweisung auf gut hergerichtete Beete, wo sie unfehlbar und bald aufgehen. Auch Steinobstkerne können auf diese Art behandelt werden.

7) Im ersten Sommer müssen die Beete, auf denen die Baumpflänzchen stehen, fortwährend vom Unkraut gereinigt werden, und zwar zuerst mit der Hand, später durch leichtes Behacken mit der Gartenhaue. Bei trockener Witterung gießt man sie, — zwar selten, dann aber durchdringend. Ist der Boden dürftig, so schüttet man unter das Wasser Mistjauche.

8) In der Regel läßt man die Sämlinge 2 Jahre auf dem Saatbeete stehen. Im Frühlinge des zweiten Jahres schneidet man sie mit einem scharfen Messer dicht am Boden ab, so daß nur ein Auge bleibt, aus welchem sich ein kräftiges Stämmchen entwickelt.

9) Beachtung verdient die neuerdings von Einzelnen eingehaltene Methode, die kaum aufgegangenen Pflänzchen, nachdem sie das 4. Blatt gebildet haben, im Mai oder Juni aus dem Saatbeete auszuheben und in 2—3 Zoll Abstand von einander zu versetzen; den neben einander laufenden Reihen gibt man gegen 6 Zoll Abstand. Da sich auf diese Weise eine außerordentlich reiche Bewurzelung und zwar ohne Pfahlwurzel erzeugt, so geht es mit dem Wachsthume der Sämlinge so schnell vorwärts, daß sie in der Regel schon im 2. Jahre zur Veredlung stark genug sind. Dieses Verpflanzen, Pikiren genannt, wird an einem trüben Tage oder in den kühlsten Stunden ganz in der Weise, wie man Gemüse verpflanzt, ausgeführt. Die Wurzelspitzen der Sämlinge werden bis auf 2" Länge abgeschnitten. Nach dem Setzen werden die Pflänzchen gehörig angegossen; auch später ist das Begießen bei ungenügendem Regen nothwendig. Das Bedecken dieser Beete mit halbverwestem Dünger, wodurch zugleich die Erde feucht erhalten wird, ist dabei besonders zu empfehlen.

III. Abschnitt.

Das Versetzen der Wildlinge.

Haben die Kernstämmchen die nöthige Stärke, — beiläufig die Dicke eines Federkiels erreicht, so werden sie im Frühlinge des dritten Jahres ausgehoben und in die Baumschule versetzt; die kleineren bleiben noch ein Jahr in der Samenschule stehen. Krüppelhafte und gar zu schwächliche werfe man weg. Beim Versetzen beachte man Folgendes:

1) Schon im Herbste vorher bereitet man das Land zur

Aufnahme der Wildlinge durch 2 Fuß tiefes Umgraben und durch Reinigen des Bodens von Unkraut und Steinen für das nächste Frühjahr vor.

2) Man macht besondere Abtheilungen für Aepfel, Birnen, Pflaumen, Aprikosen, Pfirsiche, Kirschen, Wallnüsse u. s. w.

3) Die zu versetzenden Bäumchen werden mit einer Grabschaufel sorgfältig aus der Erde gehoben. Die Stämmchen kürzt man so ein, daß vom letzten Jahrestrieb noch 2—3 Augen stehen bleiben. Ebenso werden die Pfahlwurzeln auf ungefähr ½ Fuß zurückgeschnitten. Beschädigte Nebenwurzeln müssen ganz, und zu lange theilweise durch einen scharfen Schnitt entfernt werden. Den Haupt= oder Leitzweig von Kirschen und Wallnüssen schneidet man nicht ein.

4) Auf 3 Fnß breite Beete bringt man 2 Reihen Bäumchen, die 2 Fuß weit in der Länge und Breite von einander zu stehen kommen.

5) Zur regelmäßigen Besetzung der Beete legt man eine Gartenschnur an und zieht längs derselben einen schaufelbreiten und schaufeltiefen Graben.

6) Hierauf versenkt man gleichstarke Wildlinge je 2 Fuß weit von einander in diesen Graben, indessen nicht tiefer, als sie vorher in der Erde standen, breitet die Wurzeln ringsum aus und füllt die halbe Grube mit feiner Erde. Die Wurzeln der Bäume vor dem Setzen 6—12 Stunden lang in einen Brei aus Wasser, Kuhmist und Lehmen zu stellen, ist sehr zu empfehlen, da hiedurch die Bildung der Haarwurzeln ungemein gefördert wird.

7) Nach dem Versetzen aller Bäumchen in dieser Weise werden solche noch tüchtig mit Wasser eingeschlemmt; am Schlusse wird noch die übrige Erde mit einem hölzernen Rechen beigezogen und das Land gehörig geebnet.

8) Während des Sommers sorge man für mehrmaliges Behacken des Bodens; ebenso für fortgesetztes Entfernen des Unkrautes. Uebrigens verfahre man beim Behacken recht behutsam, daß nicht die Wurzeln zerstört werden. In sehr heißen Sommern begieße man Stämmchen und Blätter der Bäumchen zuweilen stark; benütze aber hiezu nicht brunnenfrisches Wasser. Wurzelausschläge, sowie die Augen, welche untenher am Stämmchen hervorbrechen, entferne man sogleich.

9) Für vortreffliches Gedeihen der Bäumchen sorgt man dadurch, daß man rings um die Stämmchen halbverwesten Mist,

Moos oder Sägespäne breitet, wodurch die Erde feucht und locker und das Unkraut zurückgehalten wird.

10) Hat man die Sämlinge im ersten Sommer nach Absatz 9 des II. Abschnittes pikirt, so können die mit entsprechender Stärke im nächsten Jahre auf dem Pflanzbeete kopulirt und im folgenden Frühjahre in die Edelschule versetzt werden. Man erspart dadurch nicht nur an Raum, sondern erhält auch auf den Beeten Bäume von gleicher Größe, — wogegen im andern Falle Lücken nicht wohl zu vermeiden sind, da die Veredlung der Bäume nicht immer anschlägt.

IV. Abschnitt.

Die Veredlung der Wildlinge.

Unter Veredlung der Bäume versteht man die Vereinigung eines Zweiges oder eines Auges von einem guten Fruchtbaume mit einem Wildlinge derselben Gattung, wodurch dieser gezwungen wird, ein solches Obst zu tragen, wie der Stamm, von dem der Zweig oder das Auge genommen worden ist. Man wendet verschiedene Arten der Veredlung an, von denen übrigens viele keinen praktischen Werth haben und nur als Künsteleien gelten können; die gewöhnlichsten und vortheilhaftesten sind das Kopuliren, (auch das dem ähnliche Anplatten und Sattelschäften) das Pfropfen oder Pelzen und das Okuliren. Im Allgemeinen beachte man beim Veredeln Folgendes:

1) Man veredle nur bei schönem Wetter, nicht bei Regen und Wind; auch benütze man bei heißen Tagen nur die Morgen- und Abendstunden dazu. Trübes, aber warmes Wetter ist am geeignetsten. —

2) Die Veredlung eines Stämmchens gehe möglichst rasch vor sich, unbeschadet jedoch der größten Genauigkeit, die dabei zu beachten ist. Uebung macht auch hier den Meister. Um die Vortheile in den Handgriffen des Veredelns zu erlernen, ohne viele Wildlinge zu verderben, übt man sich zuvor mit abgeschnittenen Baumzweigen.

3) Man versehe sich dabei mit einem guten, scharfgeschliffenen Okulirmesser, das so ziemlich für jede Art der Veredlung ausreicht. Der Schnitt muß ganz scharf und glatt sein, und das Messer daher von Zeit zu Zeit auf's Neue wieder abgezogen werden.

4) Ein Baum werde nur mit einerlei Fruchtsorte veredelt; mehrerlei Fruchtsorten auf einen und denselben Baum zu bringen, ist wegen des ungleichen Safttriebes schädlich. Ganz unthunlich ist es, Kernobst auf Stein- oder Schalenobst zu veredeln, — und umgekehrt, da zwischen den zu verbindenden Theilen keine hinreichende natürliche Verwandtschaft besteht. Aber auch diese reicht nicht immer aus, wie der Umstand beweist, daß Aepfel auf Birnen, Pflaumen auf Kirschen, sowie umgekehrt, nicht gedeihen, und selbst, wenn sie anschlagen, bald wieder eingehen. Ebenso wachsen Süßkirschen nicht, wenn sie auf Sauerkirschen (Weichseln) veredelt werden. Dagegen gedeihen Pfirsiche und Aprikosen auf Pflaumen, — Birnen, wenn sie auf Quitten, Weißdorn und Ebereschen veredelt werden.

5) Zu Veredlungsreisern wähle man einjährige, zeitige Triebe von ganz gesunden, in mittlern Jahren stehenden Bäumen. Spättriebe und Wasserschossen, sowie auch solche mit Fruchtknospen dürfen nicht zur Veredlung gebraucht werden.

6) Veredlungsreiser müssen von den Bäumen vor Eintritt des Safttriebes, also im Februar und März genommen und an einem schattigen Orte bis zum Gebrauche eingeschlagen werden. Solche, die nicht mehr frisch sind, oder deren Augen bereits getrieben haben, können nicht mehr zum Veredeln verwendet werden. Kirschen sollen übrigens am besten wachsen, wenn man sie mit frisch geschnittenen, schon mit geschwollenen Knospen versehenen Reisern veredelt.

7) Zum Pfropfen und Kopuliren wählt man beim Steinobst die Monate Februar und März, und bei dem Kernobst die Monate März und April.

8) Von den Reisern wird in der Regel nur der mittlere Theil benützt, — der obere mit unzeitigem, schwammigem Holze und der untere mit nicht gehörig entwickelten Augen wird als unbrauchbar weggeworfen.

9) Tritt nach dem Veredeln trocknes Wetter ein, so müssen die veredelten Stämmchen gegossen werden.

10) Man lege einen Baumkatalog an und merke darin nach jeder Veredlung die Nummer des Baumes und die aufgesetzte Obstsorte an.

A. Das Kopuliren.

Das Kopuliren besteht darin, daß man ein Reis von 2—4 Augen mit dem Wildlinge durch einen 1 Zoll langen Schrägeschnitt (Rehfußschnitt) [Fig. I.] an einer möglichst glatten Stelle zusammengefügt, wobei zu bemerken ist:

1) Das Gelingen dieser Veredlungsart beruht auf der Genauigkeit im Aufsetzen der Rinden auf einander und in der Anlage eines festen Verbandes, um das Anwachsen zu erleichtern.

2) Gewöhnlich kopulirt man Edelreiser und Stämme von gleicher Dicke; ist jedoch, was oft der Fall, das Reis dünner, als der zu veredelnde Wildling, so muß wenigstens auf der einen Seite Rinde auf Rinde genau passen.

3) Zum Verbande wählt man entweder ¼ Zoll breite, dünn gewebte und mit Baumwachs bestrichene leinene Bändchen oder auch Papierstreifen, die übrigens schon vorher zugerichtet werden müssen.

4) Liegt Rinde genau auf Rinde, so faßt man den Stamm und das unterste Ende des Reises am Rehfußschnitte mit dem Zeigefinger und dem Daumen der linken Hand, schiebt das Bändchen unter den etwas zurückgebogenen Daumen, wickelt es aufwärts über den ganzen Rehfußschnitt weg und dann wieder abwärts. Die äußersten Enden des Bandes klebt man mit Baumwachs an. Während des Verbindens achte man genau darauf, daß sich das Edelreis nicht verschiebt.

5) Hat das Edelreis Triebe von wenigstens 1 Zoll lang gemacht, so wird das Band etwas gelüftet, damit es den Safttrieb nach dem Edelreise nicht hemmt, oder in die Rinde einschneidet. Bei Papierstreifen ist das Lüften nicht nöthig und es sind solche auch vorzugsweise zu empfehlen.

6) Um das Abbrechen der Krone zu verhindern, gibt man den Trieben, wenn sie eine Länge von 8—10 Zoll gemacht haben, an der Westseite einen Pfahl und bindet sowohl diese als den Stamm selbst sorgfältig an.

Am Schlusse dieses Kapitels weist man noch auf zwei andere Veredlungsarten hin, die mit dem Kopuliren große Aehnlichkeit haben und in neuerer Zeit häufige Anwendung finden: das Anplatten und Sattelschäften.

a) Das Anplatten wendet man namentlich mit Vortheil da an, wo das Stämmchen eine größere Stärke als das Edelreis hat. Besonders ist es bei Veredlung des Steinobstes zu empfeh-

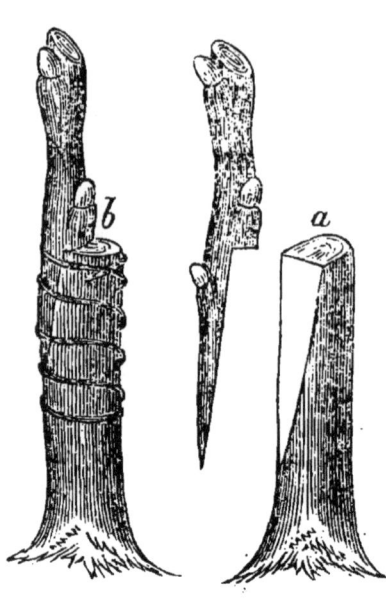

len. Die Unterlage und das Reis werden nach Fig. II. a. scharf und glatt zugeschnitten und zwar so, daß das Reis und die Unterlage auf einander passen. Ist solches der Fall, so verbindet man Beide mit einem mit Baumwachs bestrichenen Bande, oder auch nach Fig. II. b. mit einem weichen Faden, der zuletzt zusammen gebunden wird. Die Veredlungsstelle bestreicht man sorgfältig mit Baumwachs. Dabei ist darauf zu achten, daß der Umfang des Ausschnittes an der Unterlage ein klein wenig mehr als der des Reises beträgt. Die Schnittfläche des Reises darf die der Unterlage wenigstens nicht überragen.

b) Das Sattelschäften hat den Vorzug, daß das Reis so gleich nach dem Aufsetzen feststeht und sich weder verrückt, noch abgestoßen werden kann. Man schneidet an einer glatten Stelle den Wildling schräg ab und macht auf der entgegengesetzten Seite den Längsschnitt so breit und tief, daß ihn das möglichst starke Edelreis bedecken kann. Das Edelreis schneidet man hierauf nach Fig. III. a. in der Art zu, daß es genau auf den Längsschnitt des Stämmchens paßt. — Etwa 1/6 Zoll über der Kerbe steht ein gutes Auge, welches den Saft beizieht und das Ueberwachsen der Rinde fördert. Um den Schnitt an dem Reise in einem Zuge zu machen, nimmt man oben an der Kerbe etwas Holz weg, setzt das Messer hier ein und schneidet der Länge nach durch. Ein starkes Federmesser läßt sich hier vortheilhafter verwenden, als ein Okulirmesser. Fig. III. b. zeigt die Verbindung des Edelreises mit dem Wildlinge.

B. Das Pfropfen oder Pelzen.

Das Pfropfen oder Pelzen besteht darin, daß ein Edelreis in einen seiner Krone beraubten Stamm oder Ast eingesetzt wird, damit es hier

e neue Krone bilde. Da durch diese Veredlungs=
sehr stark verwundet wird, so ist ihre Anwen=
u empfehlen, wenn der Wildling schon zu dick
r beiden andern Veredlungsarten angewendet
edingung hiebei ist übrigens, daß die Bäume noch
Buchs und eine glatte, mooslose Rinde haben.
scheidet das Pfropfen in den Spalt und in die

Das Propfen in den Spalt.

dlungsart ist die gewaltsamste und am wenigsten
eil durch das Spalten der Stämme Höhlungen
selten ganz verwachsen und später zu Krankhei=
Veranlassung geben. Bei etwaiger Anwendung
is folgendes Verfahren ein:

chneidet mittelst einer Säge die Krone eines
stes quer ab, glättet mit einem scharfen Garten=
: und spaltet dieselbe in der Mitte. Um das
: zu vermeiden, hält man den Griff des Messers
: Schärfe der Klinge voraus schneidet, während
:t.

acht man in das Edelreis nahe unter einem Auge
auf beiden Seiten einen Einschnitt und schneidet
en Keil so zu, daß er auf der einen Seite brei=
egenstehenden Seite aber schmal ist.

r breiten Seite des Reises, die auf den Stamm
hen kommt, darf die Rinde weder beschädigt, noch
abgelöst sein.

Pfropfreis habe eine solche Länge, daß über dem
Augen stehen.

be wird oben schräg in der Art zugeschnitten, daß
: gegen Süden und die niedrige gegen Norden
itfläche wird noch obendrein mit Baumwachs be=

Einschieben des Reises in den Spalt öffnet man
Keile vom hartem Holze oder von Bein. Das
eit eingeschoben, daß es mit dem Sattel auf dem
; ebenso muß die Rinde desselben mit der des zu
ammes oder Astes genau an einander passen.
Rinde des Baumes dicker als die des Reises ist,

Fig. IV. so ist zunächst darauf zu sehen, daß das Holz des Reises mit dem Holze der Unterlage gleichmäßig zu liegen kommt. [Fig. IV.]

7) Ist der Stamm oder Ast dick, so kann man, damit die breite Stammfläche schnell überwächst, auch 2—4 Reiser einsetzen. [F. V. u. VI.] Bei 2 Reisern setzt man das eine an den östlichen, das andere an den westlichen Rand; bei 4 Reisern dagegen setzt man immer ein Reis zwischen zwei Himmelsgegenden.

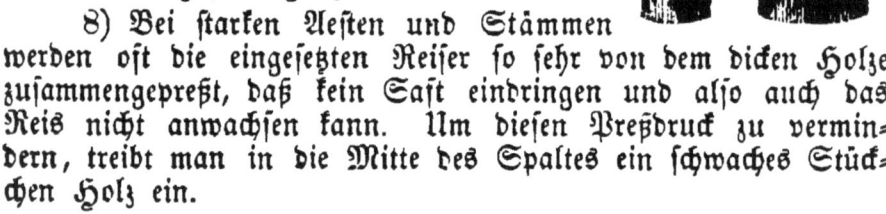

Fig. V.   Fig. VI.

Von diesen 2 oder 4 Reisern wird das stärkste zur Stammbildung beibehalten; die übrigen mäßigt man im 1. Jahre durch das Abkneipen der Spitzen im Wuchs und schneidet sie im nächsten Jahre dicht über der Veredlungsstelle ganz ab.

8) Bei starken Aesten und Stämmen werden oft die eingesetzten Reiser so sehr von dem dicken Holze zusammengepreßt, daß kein Saft eindringen und also auch das Reis nicht anwachsen kann. Um diesen Preßdruck zu vermindern, treibt man in die Mitte des Spaltes ein schwaches Stückchen Holz ein.

9) Ist Alles in Ordnung, so wird die Pfropfstelle mit Baumwachs oder mit warmem, flüssigem Peche so bedeckt, daß nirgends eine Oeffnung bleibt, und dann mit Leinwand oder Packpapier fest verbunden.

b) Das Pfropfen in die Rinde.

Diese Veredlungsart wird besonders angewendet, wenn eine Veredlung in der Krone vorgenommen werden soll. Sie wird später als das Spaltpfropfen vorgenommen und zwar dann, wenn die Bäume in vollem Safte stehen. Man verfahre dabei also:

1) Die Krone des Stammes oder Astes wird abgeschnitten und durch ein scharfes Messer glatt geebnet.

2) Nun wird von oben nach unten durch die Rinde bis auf das Holz ein zollanger Schnitt gemacht. [Fig. VII. Seite 19.]

3) Das Reis wird alsdann bis auf die Hälfte quer eingeschnitten und vom Einschnitte aus wird eine flache Spitze von 1 Zoll Länge gebildet, so daß der wie ein Zahnstocher gebildete

Fig. VII. Keil unten in eine rundliche oder scharfe Fig. VIII. Spitze ausläuft. [Fig. VIII.]

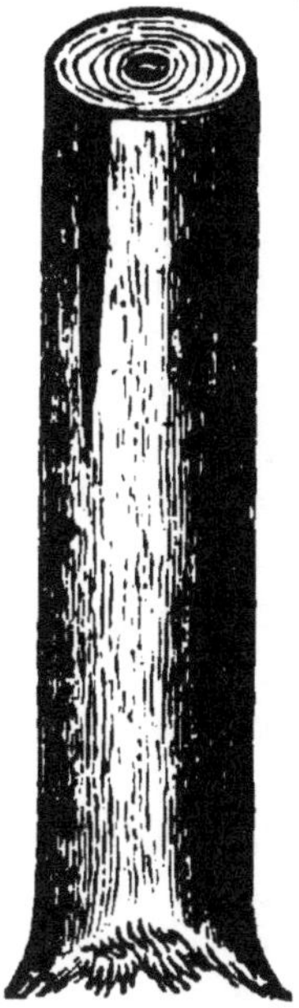

4) An dem Keile nimmt man vorsichtig auf beiden Seiten die obere, meist braun gefärbte Rinde weg, wobei aber die untere grüne, noch weniger aber der noch tiefer liegende Splint verletzt werden darf.

5) Nun schiebt man das Reis unter die beiden Rindenflügel so ein, daß der Sattel auf der Unterlage fest aufsitzt.

6) Der Verband wird hierauf in derselben Weise, wie beim Spaltpfropfen vorgenommen.

7) Man kann bei dieser Veredlungsart so viele Reiser zwischen Rinde und Holz einschieben, als daselbst Platz finden, — wenn nur zwischen 2 Reisern ein Streifen Rinde bleibt, der nicht vom Holze abgelöst ist. Der kräftige Trieb wird beibehalten, die übrigen werden weggeschnitten, wenn der Stammschnitt überwachsen ist.

8) Bei alten Bäumen, in deren Krone man pfropft, läßt man immer einige Zweige unberührt, um den Saft in einem ununterbrochenen Kreislaufe zu erhalten. Diese Leitäste werden im zweiten oder dritten Frühjahre nach dem Einsetzen der Reiser weggenommen.

9) Sollte die Veredlung auch einmal gänzlich mißlingen, so würde der Stamm nicht nur in seinen Leitzweigen fortwachsen, sondern auch aus dem dicken Holze viele kräftige Triebe erzeugen, die man alsdann durch Kopuliren oder auch Okuliren veredeln kann.

10) Man sichert die Stämme oder Aeste gegen Abstoßen der Reiser dadurch, daß man neben jedes Reis einen schwachen Pfahl bindet und solche oben dachförmig zusammen stoßen läßt.

C. Das Okuliren.

Unter Okuliren versteht man, das ausgeschnittene Laubauge eines Reises in den Stamm oder Zweig eines andern Bäumchens einfügen.

Diese Veredlungsart hat große Vorzüge: sie verwundet den Baum am wenigsten und die okulirten Bäumchen haben immer den stärksten und kräftigsten Wuchs. Mit besonderem Vortheile wendet man das Okuliren an, wenn man in die Kronen junger Pflaumen= und Zwetschgenbäume Aprikosen oder edle Pflaumen=sorten veredeln will.

Man unterscheidet das Okuliren in das treibende Auge, welches im Mai und Juni geschieht, und das Okuliren in das schlafende Auge, welches man von Ende Juli an bis zum Monate September vornimmt. Im letztern Falle treibt das Auge erst im nächsten Frühjahre. Das Verfahren selbst ist in beiden Fäl=len gleich. Zu bemerken ist jedoch, daß beim Okuliren auf's trei=bende Auge gesunde Reiser von vorjährigen Trieben mit vollkom=men ausgewachsenen Blätteraugen genommen werden, in die zwar der Saft eingetreten sein darf, deren Augen selbst aber noch nicht aufgebrochen sein dürfen. Zum Okuliren auf's schlafende Auge nimmt man die Augen von kräftigen Holztrieben des laufenden Jahres.

Das Okuliren in's schlafende Auge hat jedenfalls den Vor=zug vor dem in's treibende Auge und zwar besonders deshalb, weil bei letzterem die unreifen, schwachen Triebe des Sommers leicht durch den Frost des nächsten Winters getödtet werden, was besonders bei Aprikosen und Pfirsichen der Fall ist.

Man berücksichtige beim Okuliren Folgendes:

1) Beim Okuliren auf's schlafende Auge muß man schon im Frühjahre vorher den Baum zurückschneiden und ihm alle überflüssigen Zweige nehmen, damit er bis zur Zeit der Veredlung kräftige Triebe bekommt; denn in solchen wächst das Auge am leichtesten an. Je älter die Rinde, desto schwerer gelingt das Okuliren.

2) Den Edelreisern, die kräftig entwickelte Augen haben müssen, nimmt man vor dem Gebrauche alle Blätter bis auf den Blattstiel, damit die Ausdünstung vermindert wird, und legt sie während des Gebrauches am untern Ende in frisches Wasser. Erhält man sie von entfernten Orten, so müssen sie in feuchtes Moos eingebunden sein.

3) Man wählt nur die kräftigsten Augen, — niemals die untersten oder obersten des Reises.

4) Man schneidet das Auge auf folgende Art aus: Es wird $1/4$ Zoll über dem Auge ein Querschnitt bis in das Holz des Edelreises gemacht. An dieser Stelle setzt man nun das scharfe und fein abgezogene Okulirmesser an, indem man das Edelreis in der linken Hand hält und den Daumen der rechten

Hand unterhalb des Auges auf dem Reise anlegt. Mit dem Messer, das mit den übrigen 4 Fingern, — nicht in der ganzen Faust, — gehalten wird, schneidet man von oben herab das Auge so heraus, daß in der Mitte desselben noch Etwas von dem Holze des Edelreises daran bleibt. [Fig. IX. a.]

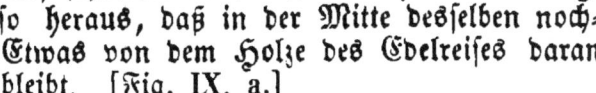

Fig. IX.

5) Indem man das ausgeschnittene Auge mit dem Blattstiele zwischen den Lippen festhält, macht man an einer glatten Stelle des Stämmchens, — entweder an der östlichen oder westlichen Seite, — einen Einschnitt in die Rinde bis an das Holz in der Gestalt eines lateinischen T [Fig. IX. b.] so daß der Längeschnitt gegen 1 Zoll beträgt. Mit einem beinernen, stumpfspitzigen Instrumente in der Form eines Zahnstochers, oder auch mittelst eines glatt zugeschnittenen Stückchen harten Holzes, hebt man die Rinde auf beiden Seiten des Längeschnitts etwas auf und schiebt das vorher ausgeschnittene Auge mit dem zugespitzten Ende von oben hinunter, bis der obere Theil des Schildchens am Querschnitte ansteht.

6) Mit bereit gehaltenen dünnen Baststreifen von 1½ Fuß Länge oder einem Wollenfaden fährt man nun ober dem Auge, welches frei bleiben muß, um den Querschnitt herum, bildet hinten ein Kreuz, kommt vorn unter dem Auge herunter und windet nun das Band gelinde herum, so daß die beiden Flügel der Rinde, welche das eingesetzte Auge umgeben, an dieses angedrückt werden. [F. IX. c.] Mit entschiedenem Vortheile kann man auch Papierstreifen, die mit Baumwachs überzogen sind, verwenden. Nachdem das Auge angewachsen und aufgeschwollen ist, zerspringt das Papier von selbst und die Mühe des spätern Auflockerns des Verbands fällt dadurch weg. Bei Verwendung von Baststreifen darf man nicht übersehen, den Verband nach Verlauf einiger Wochen etwas zu lockern. —

7) Trennt sich nach 10—14 Tagen der Blattstiel vom Auge und fällt grün ab, so ist das ein Zeichen, daß das Auge gesund und angewachsen ist.

8) Im nächsten Frühjahre wird der Okulant rückwärts ober dem Auge schräg abgeschnitten und die Wunde mit Baumwachs belegt.

V. Abschnitt.

Bildung der Obstbäume.

Zur Bildung der Obstbäume ist ein zweckmäßiges Beschneiden der Zweige und des Stammes nothwendig; dadurch erhält er die gehörige Höhe und Stärke.

Jeder Schnitt muß möglichst glatt und kurz ausgeführt werden. An den Zweigen muß derselbe hart über dem äußersten Auge, das stehen bleiben soll, angebracht werden; am Stamme dagegen muß er durch die runden Erhöhungen geschehen, welche die Zweige am Auswuchse umgeben. Alle Schnittwunden werden, um das Austrocknen zu verhüten, sogleich mit Baumwachs oder auch Baumkitt bestrichen.

Das zeitige Frühjahr, ehe der Saft in Bewegung kommt, ist die Hauptzeit für das Beschneiden der Bäume.

Während des Sommers übersehe man nicht, unnütze Augen und Triebe an den Bäumen abzudrücken, dadurch erspart man sich für die Folge viele Arbeit und den Bäumen manche Wunde.

Unsere bekanntesten Baumzüchter der neueren Zeit haben ein Verfahren einschlagen, durch welches in sicherer Weise gesunde und kräftige Stämme gezogen werden. Durch den Schnitt, den sie bei den jungen Stämmchen anwenden und den ich unten beschreiben will, wird es möglich, junge Hochstämme fast ganz ohne Pfähle stark zu erziehen. Ohne daß man genöthigt ist, viel daran zu schneiden, bekommen sie ihre Kronen erst dann, wenn sie stark genug sind. Nebenbei wird durch den Wegfall der Pfähle viel Geld erspart; auch kommen die frühern Beschädigungen der Bäume durch Reiben an den Pfählen nicht mehr vor.

1. Bildung der Kernobst-Bäume.

Um die Stämmchen in den Stand zu setzen, daß sie sich ohne Pfahl halten und nach 5—6 Jahren die zum Versetzen erforderliche Höhe und Stärke erhalten, beachte man:

1) Der geradeste und kräftigste Schoß wird im Jahre der

vorgenommenen Veredlung als Hauptzweig an einem Pfahle angebunden; die andern aus dem Edelreise hervorwachsenden Triebe werden eingestutzt.

2) Im ersten Jahre nach der Veredlung werden im Frühjahre die Nebenzweige gänzlich abgeschnitten; der Haupt= oder Stammzweig aber wird bis auf 4—8 Augen, — je nachdem er stark ist, — zurückgeschnitten. Um Johanni werden die Nebenzweige an den äußersten Enden wieder etwas eingekürzt.

3) Im Frühjahre des zweiten Jahres nach der Veredlung wird der Stammzweig nach Maßgabe seiner Stärke auf 6—10 Augen gekürzt; die Nebenzweige dagegen werden bis auf 2—3 Augen zurückgeschnitten.

Fig. X. Sieht man beim Zurückschneiden des Hauptzweiges darauf, daß man den Zweig immer über einem Auge kürzt, welches auf der entgegen gesetzten Seite des Auges steht, über welchem im Jahre zuvor gekürzt wurde [Fig. X.], so wird dadurch ein gerader Wuchs des Stämmchens gefördert. Um Johanni werden die Nebenzweige wieder etwas eingekürzt.

4) Im dritten Jahre nach der Veredlung wird der Hauptzweig abermals auf 6—10 Augen gekürzt. Die zweijährigen Seitenzweige werden glatt abgeschnitten. Die einjährigen dagegen werden auf 2 bis 3 Augen gekürzt. Alle neuen Nebentriebe werden um Johanni wieder etwas abgestutzt.

5) Im vierten Jahre nach der Veredlung werden die 7—8 Fuß hohen und 1 Zoll dicken Stämmchen zur Kronenbildung eingeschnitten. Zu dem Ende wird der Baum von allen Seitenästen befreit und der Stammzweig in einer Höhe von 7—8 Fuß über einem vollen Auge zurückgeschnitten. Außer dem obersten Auge läßt man in einer Länge von ungefähr 1 Schuh noch 4 vollkommene Augen stehen, die nach den vier Himmelsgegenden gerichtet sind und aus denen die Kronzweige gebildet werden. Diejenigen Bäume, welche die erforderliche Höhe und Dicke noch nicht haben, werden am Hauptzweige wieder auf 6 bis 8 Augen gekürzt; ebenso werden die zweijährigen Nebenzweige glatt am Stamme weggeschnitten und die frischen Triebe um Johanni gekürzt. Erlangen die Stämmchen bis zum nächsten Jahre die erforder=

liche, oben bezeichnete Stärke, so wird auch bei ihnen die Krone, wie bereits angegeben, gebildet.

2. Bildung der Steinobst-Bäume.

Um kräftige, haltbare Steinobst-Bäume zu erhalten, läßt man die Wildlinge bis zur erforderlichen Höhe wachsen und veredelt solche alsdann an der Krone durch Okuliren oder durch Kopuliren.

Beim Okuliren schneidet man im kommenden Frühjahre zuerst das Stämmchen ungefähr 3 Zoll über dem eingesetzten Auge ab; hat aber das Auge bereits getrieben, so wird der übrige Theil unmittelbar über dem Auge ebenfalls abgeschnitten und die Wunde mit Baumwachs belegt.

Die Krone bildet man, indem man den edlen Trieb des okulirten Stämmchens oder den stärksten Schoß des Kopulationszweiges auf 4—6 Augen kürzt und aus den Trieben derselben in der oben angedeuteten Weise die Krone bildet.

VI. Abschnitt.

Vom Versetzen der Obst-Bäume.

Haben die Obst-Bäume eine Krone gebildet, so werden sie an den Standort versetzt, wo sie stehen bleiben und Früchte tragen sollen. Bei diesem Geschäfte kommt in Betracht:

a) Die Zeit des Versetzens.

Man kann die Bäume im Herbste und im Frühjahre versetzen; doch zieht man bei leichtem Boden die Herbstpflanzung und bei feuchtem, schwerem Erdreiche die Frühlingspflanzung vor.

Außerdem benütze man zum Versetzen der Bäume schönes, trocknes Wetter und verrichte dieses Geschäft nicht bei kalter und nasser Witterung.

b) Das Klima und die Lage.

Wo Getreide gebaut wird, wachsen auch Obstbäume. Doch muß man für ein rauheres Klima solche Obstsorten wählen, deren Blüthe nicht zu empfindlich ist und deren Früchte noch vor dem Eintritt der rauhen Herbstwitterung zur Reife gelangen. Auch muß man sich hüten, Baumstämme, die in einem milden Klima gezogen worden sind, in ein rauheres Klima zu versetzen.

Zu einer Obstbaumpflanzung eignet sich am besten eine gegen Wind geschützte, der Morgen- und Mittagssonne zugekehrte Lage. Auf Anhöhen gerathen Nuß-, Kirschen- uud Birnbäume am besten, — dagegen sind für Aepfel- und Zwetschgenbäume Thäler und mäßige Abhänge angemessener.

c) Das Erdreich.

Fast jedes Geschlecht der Obstbäume verlangt eigenthümliche Bestandtheile der Erde. Es können aber in jedem Erdreiche Bäume gedeihen, wenn man nur nicht in der Auswahl der Baumgattung ungeschickt zu Werke geht.

Der **Apfelbaum** liebt einen kühlen und tiefen Boden, — also Lehm- und Mergelgrund.

Dem **Birnbaume** scheint ein warmer, tiefgründiger Boden besonders zuzusagen.

Der **Aprikosenbaum** liebt nebst warmer Lage einen guten tiefen Boden.

Der **Pflaumen-** und **Zwetschgenbaum** verträgt zwar die mannchfaltigsten Mischungs-Verhältnisse des Bodens; ein zwar nicht gerade tiefer, jedoch etwas lockerer, fruchtbarer, nur wenig feuchter Boden aber scheint hier am zuträglichsten zu sein.

Der **Kirschbaum** verlangt einen trockenen Standort, zugleich aber auch einen nahrhaften, tiefen Boden; **Weichselbäume** dagegen gedeihen auch im Sand- und Kiesboden recht gut.

Der **Wallnußbaum** wächst in jedem, nur nicht in einem zu trockenen, oder auch zu feuchten Boden.

Bäume aus gutem Boden in einen schlechteren zu verpflanzen, ist nicht rathsam. Wenigstens muß man gute Erde herbeischaffen und die Grube theilweise damit ausfüllen.

d) Das Ausgraben der Bäume.

Man benützt hiezu ein Grabscheit und sticht mit demselben einen Fuß vom Stamme die Erde heraus, doch so, daß jenes nicht gegen den Baum, sondern nach außen gewendet wird. Hat man so ringsherum und möglichst tief die Wurzeln abgestochen, ohne daß der Baum locker wird, so nimmt man eine Haue zu Hilfe. Mit dieser gräbt man in der angegebenen Entfernung um den Baum herum und sucht dieselbe tief unten unter die Wurzelkrone zu bringen und damit den Baum loszuwiegen.

Werden die Bäume nicht sogleich versetzt, so schlägt man sie bis dahin in feuchte Erde ein.

e) Das Beschneiden der Bäume.

Von den Wurzeln beschneidet man nur solche, die beim Herausheben zerrissen oder sonst verletzt worden sind, und zwar mit dem sogenannten Rehfußschnitt von unten her. Solche, die man wegen ihrer Stärke mit der Säge abschneiden muß, müssen noch obendrein mit einem scharfen Messer glatt geschnitten werden, damit nirgends Fasern bleiben. Starke Verwundungen müssen mit Baumwachs oder heißem Pech bestrichen werden.

Die Krone, die man in einer Höhe von 7—8 Fuß bildet, wird nach Verhältniß der Wurzeln beschnitten. Die 4 oder 5 Kronäste des Baumes schneidet man bei starkem Wurzelvermögen bis auf 5, — bei schwachem aber bis auf 3 Augen, von unten schräg hinauf, zurück.

Uebrigens läßt man immer nur solche Aeste zum Treiben stehen, aus denen eine schöne regelmäßige Krone gezogen werden kann.

Verpflanzt man die Bäume im Herbste, so nimmt man das Beschneiden der Aeste erst im Frühjahre vor.

f) Die Entfernung der Bäume von einander.

Dieselbe richtet sich nach der Obstsorte. Hochstämmige Bäume sollen nach jeder Seite hin gegen 40 Fuß; Zwetschgenbäume aber, sowie Weichsel- und Aprikosenbäume gegen 24 Fuß von einander verpflanzt werden. Zu nahe an einander stehende Bäume beschatten das Erdreich zu sehr und verhindern das Gedeihen der darauf wachsenden Bodenfrüchte, auch liefern sie weniger schmackhaftes Obst.

Der Ort zur Aufnahme der Bäume muß mit Hülfe einer Gartenschnur zur Bezeichnung der Gruben genau ausgemessen werden. Es ist dabei sehr darauf zu sehen, daß die Bäume nach jeder Richtung in gerader Linie und in gleicher Entfernung stehen.

g) Das Einsetzen der Bäume.

Die Gruben zur Aufnahme der Bäume grabe man schon früher, — am besten schon im Herbste, wenn die Bäume im Frühjahre gepflanzt werden sollen. Einwirkender Regen, Schnee und Frost während des Winters machen dann das Erdreich in der Grube fruchtbar.

Die Gruben müssen um so tiefer und weiter sein, je geringer und fester der Boden ist.

Man füllt die Grube, ehe man den Baum hinein bringt, gegen 1 Fuß tief mit guter Erde. Auf diese setzt man den Baum, breitet die Wurzeln dabei regelmäßig aus und richtet die stärksten derselben gegen Abend. Gegen Westen stecke man einen 10 Fuß langen, schön gesäuberten Pfahl, der unten zugespitzt und auf 2—3 Fuß am Feuer außerhalb etwas verkohlt ist, damit er in der Erde nicht fault. Auf die Wurzeln legt man gute feine Erde. Ist die Grube zur Hälfte angefüllt, so gießt man einen Gießer voll Wasser darauf; dabei bewegt man den Baum etwas hin und her, damit sich die Erde an den Wurzeln anschließt und keine Höhlungen bleiben. Mit der geringeren Erde füllt man alsdann die Gruben vollends aus.

Da sich das Erdreich setzt, so bindet man die Bäume erst am folgenden Tage an die Stangen und zwar so, daß das Band zwischen Baum und Pfahl sich kreuzt.

Nicht genug kann empfohlen werden, daß man einen Baum **nicht tiefer setzt, als er vorher stand.**

Auch merke man sich, daß an die Stelle eines alten abgestorbenen Baumes nicht sogleich wieder ein junger gesetzt werden darf. Der Boden muß erst mehrere Jahre lang durch starke Düngung und andere Verbesserungsmittel wieder fruchtbar gemacht werden. Zu empfehlen ist, die Erde auf der treffenden Stelle 6—8 Fuß tief auszugraben und ganz frische dahin zu bringen.

VII. Abschnitt.

Von der Pflege der ausgesetzten Obst-Bäume.

Hinsichtlich der ausgesetzten Obst-Bäume wird auf Folgendes aufmerksam gemacht:

1) Frische Baumpflanzungen bedürfen, besonders auf trocknem Boden und bei trockner Witterung, des öfteren Begießens.

2) Losgerissene Baumpfähle müssen durch andere auf so lange wieder ersetzt werden, als die Bäume selbst noch nicht stark genug sind, um sich gegen Stürme zu halten.

3) Ebenso müssen junge Bäume besonders Aepfel- und Birnbäume, im Winter durch Umbinden mit Dornen oder Stroh

vor Hasenfraß geschützt werden. Ein unfehlbares und dabei ganz einfaches Mittel, um den Hasen das Abschälen der Baumrinde zu verleiden, besteht darin, die Bäume bei Eintritt des Winters mit einer Mischung aus Ofenruß, Ochsenblut, Menschenkoth und etwas Schießpulver zu bestreichen.

4) Die sich auf den Bäumen zeigenden Raupen müssen sogleich vertilgt werden. Zugleich wird bei dieser Gelegenheit auf Schonung der Singvögel, die eine Menge Raupen, sowie deren Eier und Puppen verzehren, aufmerksam gemacht. Auf welche Weise der Frostnachtschmetterling, der größte Feind der Obstbäume, vertilgt wird, soll im nächsten Abschnitte unter Nro. 7 gezeigt werden.

5) Wenn an den Obstbäumen dürre Aeste entstehen, so werden sie entfernt; die Wunde wird glatt geschnitten und mit Baumwachs oder flüssigem Pech bestrichen.

6) Moos und Flechten, sowie aufgestandene Rinde an den Bäumen, müssen mit einer Baumscharre sorgfältig abgekratzt werden. Sehr zu empfehlen ist auch das Ueberstreichen der Rinde im Herbste mit einer Mischung von 4 Th. Kalk, 1 Th. Asche und 1 Th. Lehm, — im Wasser aufgelöst.

7) Die an den Stämmen häufig hervorbrechenden Austriebe entferne man sogleich bei ihrer Entwicklung. Einen Baum, der viele Ausläufer treibt, befreit man davon dadurch, daß man die Erde ringsum bis auf die Wurzeln aufgräbt und dann sämmtliche Triebe und Augen mit den Wurzelkanten davon lostrennt.

8) Der Boden um einen Baum muß wenigstens jeden Herbst auf 4—6 Fuß weit umgehackt werden, damit Luft und Feuchtigkeit auf die Wurzeln einwirken können.

9) Besondere Sorgfalt ist bei jungen Bäumen auf die Bildung der Krone zu verwenden. Man berechne genau, welche Zweige der Baum entbehren kann und welche Triebe stehen bleiben müssen. Die nach innen stehenden überflüssigen Zweige, sowie diejenigen, welche sich kreuzen, ebenso Wassersprossen, schneidet man hart am Stamme weg. Der Gipfel muß aufrecht gezogen und die Krone schön erhaben geformt werden. Wird in jedem Jahre in dieser Weise am Baume gearbeitet, so ist das Geschäft immer ein leichtes und der Baum erhält dadurch nicht nur ein freundliches Ansehen, sondern er gewinnt auch durch ungehindertes Einwirken der Sonne und der Luft an Fruchtbarkeit und

Dauerhaftigkeit. Vernachläſſigte Bäume ſind in ſpätern Jahren ſchwer in Ordnung zu bringen.

Die Schnittwunden müſſen jederzeit mit Baumkitt oder flüſſigem Pech beſtrichen werden.

Zur Verrichtung dieſes Geſchäftes wählt man entweder den Herbſt, (bei Wallnüſſen immer) wenn die Blätter abfallen, oder das Frühjahr, ehe ſich die Knospen entwickeln; immer aber benütze man dazu ſchönes Wetter und nicht Regentage.

10) Will man alte kranke Bäume gerne noch mehrere Jahre erhalten, ſo nehme man ihnen alles trockene Holz, ſäge ſogar den Gipfel an einer ſchicklichen Stelle ab und nagle ein Brett darauf, damit ſich nicht die Näſſe in die gemachte Wunde zieht und Fäulniß herbeiführt. Auch ſtuße man die ſtärkſten Zweige ab, reinige den Stamm und die Aeſte von Moos und alter aufgeſprungener Rinde, grabe die Erde um den Stamm herum auf und dünge ihn. Iſt der Baum nicht ſchon zu ſehr abgelebt, ſo wird er gewiß im nächſten Sommer neue Zweige treiben, die in einigen Jahren Früchte tragen.

11) Schwächliche und aus Mangel an Nahrung kranke Bäume heilt und kräftigt man dadurch: Man nimmt im Frühjahre in einer Entfernung von 6—8 Fuß vom Stamme die obere Erde weg, vermiſcht Rindsblut, Rindsdünger und feine Hornſpäne mit Waſſer zu einem flüſſigen Dünger, gießt ſolchen in die geöffnete Furche und füllt ſie mit friſcher und nahrhafter Erde aus. Innerhalb der Grube wird auch die übrige Erde um den Stamm durch Behacken und Umgraben möglichſt tief gelockert, damit Luft, Feuchtigkeit und Wärme auf den Wurzelſtock des Baumes eindringen können.

Ein erprobtes Heilmittel für kranke Bäume iſt namentlich: Man waſche ſolche Bäume anfangs jede 3 oder 4 Tage, dann alle 8 bis 14 Tage, endlich alle 3 bis 4 Wochen einmal nach Sonnenuntergang mit friſchem, kaltem Quellenwaſſer mittelſt eines groben wollenen Lappens und ſpüle ſie zuletzt mit einer Gießkanne rein ab. Man wendet dieſes Mittel vom April, wo nicht kalte Nächte ſind, bis September an. Auch bei nicht kranken Bäumen ſollte man es im Sommer 2—3 mal thun, — dieſe kleine Mühe würde durch ein freudiges, üppiges Wachsthum der Bäume und durch gute Obſternten überreichlich lohnen.

12) Große Bäume, welche wegen Ueppigkeit nicht tragen wollen, werden fruchtbar, wenn man die Wurzeln am Stamme

aufgräbt, die dicksten mittelst einer Holzart und einem Keile spaltet und die Wunde durch einen eingesteckten Stein offen hält.

13) Schief stehende Bäume müssen auf der obern Fläche des Stammes mit Stroh eingebunden oder durch ein aufgenageltes Brett vor Nässe geschützt werden.

14) Ein im Stamme zu hoch, über 8 Fuß hoch gezogener Baum, wird nie so fruchtbar, als einer mit niedrigem Stamme.

15) Wallnußbäume werden um so fruchtbarer, je mehr die Aeste bei der Ernte geschlagen werden und je weniger der Boden um den Stamm bearbeitet wird. —

VIII. Abschnitt.

Einige besondere Anweisungen für Obstbaumzüchter.

1. Düngungsmittel für Bäume.

Von sehr guter Wirkung ist verrotteter Mist oder auch kräftiger Kompost, den man im Herbste und Winter um die Bäume herum legt. Auch Salz, Asche, Knochenmehl, Malzkeime und Ofenruß können treffliche Dienste thun, wenn man die Vorsicht gebraucht, rings um den Baum, je nach der Ausdehnung der Krone, in einem größern oder kleinern Kreise eine Furche zu ziehen, deren Tiefe die Wurzeln noch um einige Zoll bedeckt läßt. In diese Furche wird der Dünger gebracht, und die Furche wieder mit Erde bedeckt. Als vorzüglich wirksam wird gehörig vergohrener flüssiger Dünger empfohlen, besonders Mistjauche mit Thierblut vermischt, auch im Wasser aufgelöster Guano. Im Frühlinge zur Zeit der Saftbewegung, wenn die Knospen zu schwellen anfangen, wird die Flüssigkeit in eine um den Baum gezogene Furche gegossen und diese wieder mit Erde bedeckt; nach der Zeit der Blüthe wird solches in halber Düngung wiederholt. Je nach der Stärke und dem Alter der Bäume kann man jedem 1—4 Gießkannen dieser flüssigen, mit Wasser gut verdünnten Düngung reichen. Immerhin verfahre man aber vorsichtig und thue des Guten nicht zu viel; man dünge anfangs lieber etwas weniger.

2. Mittel zur Beseitigung der Blatt- und Schild-Läuse.

Die Blattläuse sind nicht leicht zu beseitigen. Doch gelingt es durch wiederholtes Begießen mit Abkochungen von Tabak von

tern und andern scharfen Pflanzen, — oder auch durch
en der angegriffenen Theile mit Asche, Ruß und Schwe=
n. Auch das Ueberstreichen der Blätter mit Seifenwasser
te Dienste. Gegen Schildläuse hilft am besten ein An=
n sehr dicker Kalkmilch.

3. Mittel gegen Honigthau und Mehlthau.

as Bespritzen der Zweige mit reinem frischen Wasser oder
arser Lauge ist hiegegen das sicherste Mittel; auch ist das
en der Spitzen sämmtlicher Sommerzweige, sobald das
uftritt, sehr zu empfehlen.

4. Die Heilung des Brandes an den Bäumen.

er Brand zeigt sich am häufigsten an Birnbäumen, und
uerst durch harte schwarze Flecken an der Rinde, die
mehr um sich greifen und zuletzt gar das Holz anstecken,
 und schwarz machen, so daß der Saft nicht mehr auf=
trömen kann und der Baum von oben abstirbt. Sobald
e schwarzen Flecken an der Rinde bemerkt, schneide man
lich aus. Ist das Holz schon ergriffen und brandig, so
les, bis frische weiße Rinde oder frisches Holz zum Vor=
ommt, ohne Schonung herausgeschnitten und die wunde
mit Baumwachs oder Baumkitt bestrichen und gut ver=
werden.

5. Mittel gegen Harzfluß.

er Harzfluß kommt gewöhnlich bei Aprikosen, Pfirschen
schen vor. Er erscheint, wenn an diesen Bäumen zu viel
 tief geschnitten wird; ist aber auch eine Folge starken
 sowie eines zu feuchten, fetten Bodens. Man schneide
harzten Stellen aus und verklebe sie mit Baumwachs.
fetter Boden die Ursache, so läßt man den Stämmen
dem man in der ganzen Länge drei bis vier Längsschnitte
 den Splint anbringt.
egen den Harzfluß empfiehlt die „Pomonia" Abends
kranke Stelle einen sehr nassen Leinwandlappen zu befesti=
m andern Morgen ist das Gummi so erweicht, daß es
 noch feuchten Lappen abgerieben werden kann. Außer=
b die Stelle noch mit Wasser sofort abgebürstet, daß alle
er ganzen Rindenfläche ihre natürliche Verrichtung durch
berte Athmung beginnen können.

6. Mittel gegen den Wurm.

Der Wurm zeigt sich gewöhnlich bei Birnbäumen. Die Rinde der Bäume hat aufgetriebene Streifen, in denen sich kleine Löcher befinden, — zuweilen auch Würmchen, die sich bis in's Holz eingraben. Diese Streifen müssen mit einem scharfen Messer sorgfältig ausgeschnitten und die Wunde mit Baumwachs oder Baumkitt belegt, zugleich aber auch eingebunden werden.

7. Vertilgung des Frostnacht-Schmetterlings.

Das Verfahren zur Vertilgung dieses großen Feindes der Obstkultur besteht darin, daß man zur Zeit der ersten leichten Fröste im Herbste bis dahin, wo es hart friert, 1 Schuh breite Streifen Papier mit Vogel-Leim Schiffstheer oder auch gewöhnlicher Wagenschmier bestreicht *) und solche oben und unten mit Weiden oder Bindfaden in der Mitte des Baumstammes rings herum befestigt. Die flügellosen Weibchen können nun nicht auf den Baum und bleiben auf dem klebrigen Papier sitzen und sterben. Ausdrücklich muß aber bemerkt werden, daß das erneuerte Anstreichen des Papierstreifens nicht übersehen werden darf, sobald die aufgetragene Masse nicht mehr klebrig ist und so lange das fragliche Thierchen sich noch zeigt.

8. Bereitung eines guten Baumwachses.

Man nimmt ¾ gelbes Wachs, ½ Pfund gemeinen Terpentin, ½ Pfund Pech und 4 Loth Unschlitt. Wachs und Pech zerschlägt man und läßt die Stücke bei mäßiger Wärme in einem irdenen Tiegel mit Unschlitt zergehen. Unter fortwährendem Umrühren setzt man den Terpentin bei und gießt die warme Salbe in kaltes Wasser, wo sie gerinnt, mit den Händen tüchtig durchknettet und in Stangen geformt wird.

9. Bereitung von Baumpech.

5 Theile gewöhnliches Harz und 1 Theil Unschlitt läßt man auf gelindem Feuer zerschleichen. Mit demselben bedeckt man alle Wunden der Bäume. Beim Gebrauche wird es in einer Kohlenpfanne erwärmt und mittelst eines Pinsels auf die Wunde gestrichen.

10. Bereitung von Baumkitt.

Gewöhnlichen Lehm oder Häfnersthon vermischt man mit

---

*) Die Rinde des Baumes selbst damit zu bestreichen, ist durchaus nicht anzurathen.

koth und etwas Kalbshaaren. Indem man das
vasser wohl durch einander mischt, mengt man
flüssigen Terpentin bei.

Anhang.

Baumgarten-Kalender.

Januar.

Monate kann man die zur Kernsaat bestimmten
wenn solches nicht schon im Herbste geschehen
ffen und nicht zu naß ist. — Baumpfähle wer=
gespitzt und soweit sie in die Erde kommen, am
ohlt oder in Theer getaucht. — Man sorge für
veiden, setze Messer und Baumsägen in guten
e sich den nöthigen Vorrath an Baumwachs. —
rne von verschiedenen Obstsorten und bewahre
aat mit Sand und leichter Erde vermischt in
, abgestorbene Bäume werden ausgegraben, —
Aeste abgenommen. — Bei gelindem und reg=
reinige man die Bäume von dem daran befind=
Junge Bäume und Spaliere schützt man bei
Schnee vor Hasen. — Während des Frostes
ere Bäume mit dem Erdballen, nachdem man sie
oste rings um die Wurzel aufgegraben hat. —
Gruben zur Aufnahme der im Frühjahre zu
ie. — Auf die Abtheilungen der Baumschule,
Bäumen geworden sind und die wieder mit jun=
esetzt werden sollen, bringe man bei Frostwetter
oder gute Erde. — Man kann auch schon
ulirreiser sammeln. —

Februar.

n Monat Januar bestimmten Geschäfte werden
nterbliebenes nachgeholt. — Ist die Witter=

ung gelind und der Boden nicht zu naß, so geht man an das Versetzen der Baumpflanzen. — Bei günstiger Witterung kann man gegen Ende des Monats in den Spalt pfropfen, — zuerst Stein= später Kernobst. — Das Düngen der Bäume wird nach Anleitung auf Seite 30 besorgt. — Die etwa vorhandenen Raupennester werden abgenommen. — Aprikosen= und Pfirsichspaliere verwahre man durch schräg davor gestellte Bretter vor der Sonne bis Ende März. — Wenn zwei oder mehrere an einem Aste oder Stamme veredelte Reiser angeschlagen haben, so schneide man man die schwächsten weg. —

März.

Nachholung und Fortsetzung der für die frühern Monate angegebenen Arbeiten. — Versetzen der Baumpflanzen. — Die nach S. 11 Abs. 2 aufbewahrten Obstkerne werden bei günstiger Witterung gesäet. — Die Baumschule wird von Unkraut gereinigt. Der Baumschnitt wird vorgenommen, — zuerst beim Stein= u. dann beim Kernobste. — Ebenso werden bei solchen jungen Bäumen, die im kommenden Sommer ins schlafende Auge okulirt werden sollen, die Kronenzweigen bis auf einige Augen weggenommen. — Wer nicht schon im Herbste für das Graben der Gruben zur Aufnahme der zu setzenden Bäume gesorgt hat, säume damit nicht länger. — Zum Sammeln der nöthigen Propf= und Kopulirreiser ist es höchste Zeit. — Bei günstiger Witterung werden Obstbäume versetzt. — Kernwildlinge werden kopulirt. — Das Pfropfen in den Spalt beginnt vor dem völligen Eintreten des Saftes und wird bis zum Erscheinen der ersten grünen Blätt=chen des Stammes fortgesetzt; mit dem Steinobste wird begonnen. Die Spalierbäume werden gegen Ende des Monats beschnitten und angeheftet. —

April.

Eine Hauptbeschäftigung in diesem Monate ist das Veredeln der Bäume, und zwar durch Pfropfen in den Spalt und in die Rinde, sowie durch das Kopuliren. Man setzt dieses Geschäft fort, bis die Bäume stark treiben. — Junge, schwache Bäume bekommen entsprechend starke Pfähle und werden angebunden. — Die wilden Schossen an den im vorigen Jahre veredelten Bäumen werden weggenommen. — Die im vorigen Jahre auf das schlafende Auge okulirten Stämmchen werden nach Seite 20 Abs. 4 abgeschnitten. — Diejenigen Stämmchen, an welchen das Okuliren mißlungen ist, werden nun kopulirt. — Raupen=

nester werden sorgfältig abgenommen. — Bei den vom Krebs oder Brand heimgesuchten Bäumen schneidet man den angegriffenen Theil vollständig heraus und bestreicht die wunde Stelle mit Baumkitt. (S. 31.) — Der Boden um die Bäume wird durch gehöriges Umgraben aufgelockert. — Die Baumschule wird sorgfältigst vom Unkraut rein gehalten, — und der Boden von Zeit zu Zeit aufgelockert. —

Mai.

Die Samenbeete und die versetzten Bäumchen werden feucht erhalten und bei trockenem Wetter begossen; alles vorkommende Unkraut wird sofort beseitigt und der Boden durch vorsichtiges Brachen gelockert. — Man beginnt das Okuliren aufs treibende Auge. — Der Verband an den kopulirten Bäumchen muß, wenn die Triebe einige Zoll groß geworden sind, gelüftet werden; bei Papierbändern (S. 20 Abs. 4) erspart man sich die Mühe. — Kopulir- und Pfropfreiser, die bereits lang getrieben haben, werden an Pfähle gebunden, damit sie der Wind nicht abbricht. — Die überflüssigen Augen an den Bäumchen werden mit den Nägeln abgedrückt. — Raupen werden aufgesucht und vertilgt. —

Juni.

Die Samenbeete und die ausgesetzten jungen Bäume müssen bei großer Trockenheit gegossen werden. (S. 12 Abs. 3.) Die Baumschule halte man von Unkraut rein und behacke sie fleißig. Das Okuliren ins treibende Auge wird bis Johanni fortgesetzt. — Die kopulirten Stämmchen werden von dem Verbande befreit, wenn derselbe stark einschneidet. Die Triebe derselben werden an Stäbe angebunden, damit sie nicht abbrechen. — Wilde Wurzelschossen an Obstbäumen müssen weggenommen werden. — Der Rasen um größere Bäume muß umgestochen werden und zwar so, daß die einzelnen Stücke umgekehrt zu liegen kommen. — Die Raupen werden fortwährend aufgespürt und vertilgt. — An Spalierbäumchen werden alle nach vorn und hinten wachsenden Triebe weggenommen. — Wachsen bei Aprikosen- und Pfirsichspalierbäumen aus einer Knospe 2—3 Reiser, so werden alle bis auf das stärkste weggenommen. —

Juli.

Die Baumschule wird von allem Unkraute rein gehalten, fleißig behackt und bei trockener Witterung begossen. — Wilde Triebe an veredelten Bäumen müssen abgeschnitten werden. — Die Bänder an den kopulirten und okulirten Bäumchen werden gelüftet, oder auch ganz abgenommen. (S. 20 Abs. 4.) In diesem Monate beginnt das Okuliren aufs schlafende Auge. —

August.

Das Okuliren aufs schlafende Auge wird fortgesetzt; es geschieht besonders bei solchen Stämmchen, bei denen das Kopuliren fehlschlug. — Wilde Triebe an den veredelten Bäumen werden fleißig abgenommen. — Die Baumschule muß stets vom Unkraute rein und der Boden locker gehalten werden. — Kerne und Steine von reifem Obste werden gesammelt und nach S. 10 Abs. 2 aufbewahrt. — Die Beete zur Aufnahme der Kerne im Herbste werden zubereitet. — Die Aeste der stark mit Obst beladenen Bäume werden unterstützt. — Die Erde um junge Bäume wird aufgelockert und Gras und Unkraut vertilgt. — Bei anhaltend trockener Witterung werden junge Stämmchen begossen. —

September.

Die Baumschule wird nochmals umgegraben und das Unkraut fleißig ausgerottet. — Man sammle Kerne von reifen Früchten. — Die Zubereitung der Samenbeete hat zu geschehen. — Das Okuliren kann höchstens noch im ersten Drittel dieses Monats geschehen. An den bereits okulirten Stämmchen wird der Verband gelüftet. Sind einzelne Augen nicht angewachsen, so können noch neue eingesetzt werden. — Reifes Obst wird nach und nach eingesammelt. — Noch vor dem Eintreten der Herbststürme müssen junge Bäume, wo solches nothwendig ist, mit starken Stickeln versehen und angebunden werden. —

Oktober.

Das Spätobst wird eingeerntet. — Obstkerne, Nüsse ꝛc. werden fortwährend gesammelt, und entweder in die schon zubereiteten Beete sogleich gelegt, oder nach S. 10 Abs. 2 aufbewahrt. — Die zum Säen der Obstkerne für das nächste Frühjahr bestimmten Beete werden umgegraben und geordnet. — Gegen Ende dieses Monats können Bäume versetzt werden. (S. 24 a.) Den Boden um alte Bäume, soweit die Wurzeln reichen, aufzulockern und vom Grase zu reinigen, sowie eine Düngung derselben (S. 29 Abs. 7) lohnt sich bestens. — Sehr zu empfehlen ist nach dem Abfallen des Laubs, die Stämme und größere Aeste der Bäume mit dem S. 28 Abs. 7 beschriebenen Anstrich zu versehen. — Wo sich der Frostnacht-Schmetterling, der größte Feind der Obstkultur zeigt, vertilge man ihn nach S. 32 Abs. 8. —

November.

Man sammle fortwährend Obstkerne, — kann sie auch bei offenem Boden und günstigem Wetter noch säen. In diesem Falle können auch noch Bäume versetzt werden; — bei leichterem Boden ist die Herbstpflanzung zweckmäßig. Die Umzäunungen der Obstgärten werden ausgebessert und die Bäume nach S. 27 Abs. 7 gegen das Wild geschützt. — Wallnußbäume werden jetzt und nicht im Frühjahre ausgeputzt. — Man übersehe nicht, schon jetzt die Gruben für drei im Frühjahre zu setzenden Bäume zu graben. Junge Bäume versehe man mit starken Pfählen und binde sie an. —

Dezember.

Alle Bäume und namentlich auch die Baumschulen müssen vor Hasenfraß sorgfältig geschützt werden. — Die mit Obstkernen besäeten Beete schütze man vor Winterfrost durch Laub oder strohigen Dünger. — Bei offenem Wetter grabe man die Bäume um und dünge sie, wenn solches nicht schon geschehen ist. — Mit dem Reinigen und Ausputzen der Bäume fahre man fort, so lang es das Wetter erlaubt. — Bei strenger schneeloser Kälte ist es gut, frisch versetzte junge Bäume dadurch zu schützen, daß man um dieselben Laub, Flachsschäben und strohigen Mist breitet. — Man versieht sich für das nächste Jahr mit dem nöthigen Vorrathe an Weiden zum Anbinden der Bäume. —

Zusammenstellung und Beschreibung

derjenigen Obstsorten von Aepfel und Birnen, welche sich hauptsächlich zu öffentlichen Anlagen eignen, — von F. Gieger, ehemaligen Vorstand der Baumschule zu Fechenbach, jetzt Kunstgärtner und Samenhändler zu Würzburg.

A. Aepfel:

1) Haarlemer Reinette. Eine große ausgezeichnete Frucht, sowohl für die Tafel, als für die Wirthschaft. Der Baum wird groß und stark, die Aeste sind weit abstehend, die untersten fast mit dem Boden horizontallaufend, liefert reichen Ertrag. Die Frucht reift im November und hält sich bis zum Frühjahre.

2) Winterborsdorfer. Eine nicht sehr große, aber sehr schöne, in unserem deutschen Vaterlande überall bekannte Tafelfrucht, die auch einen vorzüglichen Wein, der viele Verehrer hat, liefert. Der Baum erreicht einen großen Umfang, wächst in der Jugend langsam, trägt aber im Alter ein Jahr um das andere außerordentlich reichlich. Die Frucht reift im November und hält sich bis in den Sommer. Verdient häufigen Anbau.

3) Rother Winterborsdorfer. Ein kleiner, aber schöner, für die Tafel und Oekonomie vortrefflicher Apfel. Der Baum wird ebenfalls groß, trägt seine Aeste schön, setzt frühzeitig an nnd liefert jährlich Früchte. Der Apfel reift im November und hält sich bei guter Aufbewahrung 1 Jahr.

4) Große graue französische Reinette. Grauer Lederapfel. Eine schöne große für Tafel und Küche gesuchte Frucht. Der Baum wächst in seiner Jugend lebhaft, wird groß und stark, verträgt aber weder nassen noch dürren Boden, gedeiht am besten in gut gebautem Lehmboden. Die Frucht zeitigt Ende Dezember, hält sich, wenn kühl aufbewahrt, über ein Jahr, darf aber nicht zu bald gepflückt werden, sonst welkt sie gerne.

5) Große Cassler Reinette. Ein schöner, großer Tafelapfel, sowie für die Küche und zu Obstwein ausgezeichnet. Der Baum wächst mit seinen nicht stark abstehenden Aesten rasch und ist selbst in ungünstigen Jahren fruchtbar. Die Frucht zeitigt Anfang Dezember und hält sich bis zum Frühjahr.

6) Pariser Rambour=Reinette. Eine der größten und geschmackhaftesten Tafelfrüchte, die auch für die Küche von großem Werthe sind. Der Baum wächst lebhaft, wird sehr groß und trägt seine Aeste flachliegend, bildet eine breite Krone und ist bald sehr fruchtbar. Die Frucht zeitigt im November und bleibt bis im Februar schmackhaft.

7) Winter=Gold=Reinette. Ein großer, prachtvoller Winterapfel der nicht nur für die Tafel, sondern auch zur Bereitung von Obstwein und für den Landmann nicht genug empfohlen werden kann. Der Baum wächst stark, wird hoch und groß, trägt etwas abstehende, aber schön in die Luft gehende Aeste, ist jährlich fruchtbar, erfordert aber einen gut gebauten Boden und Sommerstand. Die im Dezember reifende Frucht hält sich bis ins Frühjahr.

Die nachstehenden Sorten sind für rein ökonomische Zwecke zu empfehlen, obschon nicht wenige derselben auch die Tafel zieren.

8) Champagner=Reinette. Die Frucht ist von mittlerer Größe, von süß=weinsäuerlichem Geschmacke und zur Aepfelweinbereitung vortrefflich. Der Baum wird nicht sehr groß, trägt außerordentlich reichlich, so daß oft 3—4 Früchte an einem Fruchtkuchen sitzen, ist nicht zärtlich und verdient bei Straßenanpflanzungen vorzügliche Berücksichtigung. Die Frucht zeitigt im Dezember, hält sich geschmackvoll bis tief in den Sommer hinein und conservirt sich in einem guten Gewölbe 2 Jahre, ja ich habe sogar schon 3jährige noch ganz gut erhaltene Aepfel gesehen.

9) Edler Prinzessinapfel. Ein großer, ansehnlicher Wirthschaftsapfel, der selbst der Tafel keine Unehre macht und zu gleicher Zeit zum Dörren und Dämpfen vortrefflich ist. Der Baum wird mittelmäßig groß, bildet gerne hängende Aeste, setzt sehr früh Fruchtholz an und ist außerordentlich tragbar. Die Frucht zeitigt Ende November, hält sich bis Anfang Sommer, darf aber nicht zu bald abgenommen werden, da sie sonst welkt.

10) Weißer Matapfel. Gewürzapfel. Ein großer, ansehnlicher, zum rohen Genusse, sowie für die Wirthschaft zu empfehlender Winterapfel. Der nicht sehr schnell wachsende Baum wird im gutem Boden sehr groß, entfaltet eine schöne Krone, ist von bewunderungswürdiger Tragbarkeit und widersteht in der Blüthe ziemlich der ungünstigen Witterung. Der Apfel reift im Dezember, welkt nicht und hält sich bis in den Sommer hinein gut.

11) Brauner Matapfel. Besitzt in Frucht und Wachsthum so ziemlich gleiche Eigenschaften mit der vorhergehenden Sorte, hat aber noch den Vorzug, daß er sich besonders zu Aepfelwein eignet.

12) Großer rheinischer Bohnapfel. Ein großer haltbarer, vorzüglicher Apfel, der im Frühjahr die Tafel ziert und als Wirthschaftsobst unübertroffen bleibt. Der Baum hat pyramidenartigen Wuchs, weshalb er sich besonders zu Straßenanlagen eignet, ist sehr fruchtbar und nicht in der Blüthe empfindlich gegen den Frost. Die Frucht zeitigt im Januar und hält sich bis im Juli und ist zum Dürren und zur Weinbereitung vorzüglich.

13) Gelber Winterstettiner. Ein schätzbarer Apfel, der für die Oekonomie von großem Werthe, für die Tafel angenehm und für die Bereitung von Aepfelwein sehr brauchbar ist. In Frankreich wird er zur Bereitung von Aepfelwein vorzugsweise benutzt, der unter dem Namen Cydre in Flaschen nach dem südlichen Amerika versandt wird. Der Baum wächst lebhaft, wird jedoch nicht stark, bildet eine flach gewölbte Krone, ist sehr fruchtbar und verdient häufige Anpflanzung an Straßen, da die Frucht vom Baume nicht anreizt und fest hängt.

14) Rother Stettiner. Zwiebelapfel. Eine für die Wirthschaft sowie zum Genusse empfehlenswerther schöner, großer Apfel. Der Baum wird mittelmäßig groß, geht gut in die Luft und wird frühzeitig tragbar. Die Frucht reift im Dezember und hält sich bis ins Frühjahr.

15) Großer Wintersleiner. Ein prachtvoller, großer, sowohl für die Küche als Tafel angenehmer Apfel. Der Baum wird groß und stark, steht mit den Aesten nicht weit ab, ist sehr tragbar und für den Anbau an Straßen sehr geeignet. Die Frucht reift im November und bleibt bis in den Winter hinein schmackhaft.

16) Großer gestreifter Kaiserapfel. Ein schätzbarer, schöner großer Winterapfel, der für die Oekonomie häufig angepflanzt zu werden verdient. Der Baum wächst stark, wird groß, macht eine breite Krone und ist recht fruchtbar. Die Frucht zeitigt im Dezember und hält sich bis im Sommer, ohne zu welken.

17) Deutscher Gülderling. Ein haltbarer großer Apfel, ausgezeichnet für die Wirthschaft, sowie zum rohen Genusse. Der Baum wird nicht groß, ausgezeichnet fruchtbar und verdient häufige Anpflanzung wegen seiner haltbaren, nicht welkenden Frucht. Die ohngefähr im Dezember reifende Frucht hält den ganzen Winter hindurch.

18) Pariser Schlotterapfel. Ein schöner schätzbarer Wirthschaftsapfel. Der Baum ist von lebhaftem Wuchse, kugelförmiger Krone und großer Tragbarkeit, eignet sich zur Anpflanzung an Straßen. Die Frucht zeitigt Anfangs September und hält sich bis in den Sommer, ohne zu welken.

B. Birne:

1) Graue Herbstbutterbirne. Eine der allerbesten Tafelbirnen. Der in seiner Jugend schnell wachsende Baum ist durch sein sperriges hängendes Holz kenntlich, das stark unter das Messer gehalten werden muß, um eine schöne Krone zu bilden. Er bedarf einer warmen sandigen Lage, sonst wird er gerne krebsig. Die Frucht zeitigt Anfangs Oktober, hält sich aber nur mehrere Wochen.

2) Weiße Herbstbutterbirn. Kaiserbirn. Eine allbekannte, schätzbare Birne. Der Baum geht mit seinen Hauptästen gut in die Luft, kömmt in jedem Boden und in rauhen Gegenden gut fort und ist außergewöhnlich fruchtbar. Verdient häufige Anpflanzung. Die Frucht reift im Oktober, hält sich 2—4 Wochen, dar aber nicht zu lange hängen bleiben.

3) Grüner Isambert. Eine nicht sehr große, aber köstliche Tafelfrucht. Der Baum wird ansehnlich groß, bildet eine hohe Krone, erfordert aber einen warmen, leichten, tiefen Boden, ist recht fruchtbar und nicht sehr empfindlich. Zeitigt Ende Oktober, Anfang November.

4) Forellenbirn. Eine schöne, aber nur mittelmäßig große Tafelbirn. Der Baum geht schön in die Luft, wächst rasch und wird ungemein fruchtbar, verdient häufig angepflanzt zu werden. Die Frucht zeitigt im November und hält sich bis im Januar, wenn sie kühl aufbewahrt wird.

5) Herrnbirne. Eine große für die Wirthschaft brauchbare Frucht. Der Baum ist wohl der größte unter seines Gleichen, wird alt, ist sehr tragbar und eignet sich für rauhe Gegenden besonders. Die Frucht nicht zu spät gebrochen, hält sich 14 Tage.

6) Großer Katzenkopf. Eine große für die Küche ausgezeichnete Birne. Der Baum wird nur mittelmäßig groß, bildet eine weit abstehende Krone, ist wenig empfindlich in der Blüthe gegen ungünstige Witterung und trägt jährlich. Die Frucht zeitigt im November und hält während des Winters.

7) Grüne Winterbirn. Eine mittelgroße, für die Oekonomie schätzbare Winterbirne. Der nur mittelmäßig große Baum wächst in seiner Jugend sehr rasch, trägt bald und reichlich, geht schön in die Luft und bildet eine schöne Krone. Die Frucht, die vor November nicht abgenommen werden sollte, zeitigt im Januar, hält sich den ganzen Winter hindurch, ist zum Kochen vortrefflich und verdient recht häufig angepflanzt zu werden.

8) Compottbirn. Messire Jean. Eine mittelmäßig große, sehr gute Kochbirn. Der Baum wächst recht kräftig, bildet eine starke breite Krone, ist nicht sehr empfindlich in der Blüthe und trägt außerordentlich reichlich. Die Frucht reift gegen den März und hält sich bis in den Sommer.

9) Winter-Dechantsbirne. Eine schöne, große, sehr gute Tafelbirn. Der Baum wird ziemlich groß und trägt bald und reichlich. Die Frucht zeitigt im Dezember und hält sich bis in den Februar.

10) Hermansbirne (St. Germain.) Eine bekannte, sehr gute Tafelfrucht. Der Baum bildet eine pyramidenförmige Krone, wächst lebhaft, wird nicht sehr groß, verlangt aber einen warmen, nicht zu feuchten Standort.

11) Graue Winterbergamotte. Eine mittelgroße, vortreffliche Tafelfrucht. Der Baum wächst lebhaft, bildet eine kegelförmige Krone, liebt aber tiefen, warmen Boden, der nicht naß seyn darf. Ende November zeitigt die Frucht, die sich bis ins Frühjahr hält.

12) Winter-Ambrette. Eine nicht große aber köstliche Tafelfrucht. Der Baum wächst rasch, wird aber nicht groß, macht eine dornige, wild aussehende Krone, trägt sehr reichlich und liebt einen tiefgehenden Boden. Die Frucht zeitigt im Januar und hält sich das Frühjahr hindurch.

Außer vorstehenden Obstsorten fanden bei der im Herbste 1860 in Würzburg stattgefundenen Obstausstellung durch Herrn Garteninspektor Lukas in Ludwigsburg noch folgende Sorten eine warme Empfehlung:

Aepfel: Ananas reinette, Gravensteiner, kleiner Langstiel (an Straßen) marmorirter Sommerpepping, amerikanische Staatenparmäne, Prinzenapfel, Blenheim Pepping, Goldzeugapfel, Luikenapfel (zu Aepfelwein).

Birnen: Rothe Dechantsbirne, Grumkower Butterbirne, punktirter Sommerdorn, Colmar Nelis, Champagner (Spätbirne zu Libre) Wildling von Einsiedel (Mostbirne) Wolfsbirne (Mostbirne) Köstliche von Chaumontel, Marie Louise.